The Philadelphia 76ers Suck:
The Honest Truth about the 76ers
By: Jim Smith

Prologue: A History

The 76ers Suck. The 76ers Suck.

The 76ers Suck. The 76ers Suck. The 76ers Suck. The 76ers
Suck. The 76ers Suck. The 76ers Suck. The 76ers Suck. The
76ers Suck. The 76ers Suck. The 76ers Suck. The 76ers Suck.
The 76ers Suck. The 76ers Suck. The 76ers Suck. The 76ers
Suck. The 76ers Suck. The 76ers Suck. The 76ers Suck. The
76ers Suck. The 76ers Suck. The 76ers Suck. The 76ers Suck.
The 76ers Suck. The 76ers Suck. The 76ers Suck. The 76ers
Suck. The 76ers Suck. The 76ers Suck. The 76ers Suck. The
76ers Suck. The 76ers Suck. The 76ers Suck. The 76ers Suck.
The 76ers Suck. The 76ers Suck. The 76ers Suck. The 76ers
Suck. The 76ers Suck. The 76ers Suck. The 76ers Suck. The
76ers Suck. The 76ers Suck. The 76ers Suck. The 76ers Suck.
The 76ers Suck. The 76ers Suck. The 76ers Suck. The 76ers
Suck. The 76ers Suck. The 76ers Suck. The 76ers Suck. The
76ers Suck. The 76ers Suck. The 76ers Suck. The 76ers Suck.
The 76ers Suck. The 76ers Suck. The 76ers Suck. The 76ers
Suck. The 76ers Suck. The 76ers Suck. The 76ers Suck. The
76ers Suck. The 76ers Suck. The 76ers Suck. The 76ers Suck.
The 76ers Suck. The 76ers Suck. The 76ers Suck. The 76ers
Suck. The 76ers Suck. The 76ers Suck. The 76ers Suck. The
76ers Suck. The 76ers Suck. The 76ers Suck. The 76ers Suck.
The 76ers Suck. The 76ers Suck. The 76ers Suck. The 76ers
Suck. The 76ers Suck. The 76ers Suck. The 76ers Suck. The
76ers Suck. The 76ers Suck. The 76ers Suck. The 76ers Suck.
The 76ers Suck. The 76ers Suck. The 76ers Suck. The 76ers
Suck. The 76ers Suck. The 76ers Suck. The 76ers Suck. The
76ers Suck. The 76ers Suck. The 76ers Suck. The 76ers Suck.
The 76ers Suck. The 76ers Suck. The 76ers Suck. The 76ers
Suck. The 76ers Suck. The 76ers Suck. The 76ers Suck. The
76ers Suck. The 76ers Suck. The 76ers Suck. The 76ers Suck.

The 76ers Suck. The 76ers Suck.

The 76ers Suck. The 76ers Suck.

Chapter 1: The 76ers Suck

The 76ers Suck. The 76ers Suck.

The 76ers Suck. The 76ers Suck.

The 76ers Suck. The 76ers Suck.

The 76ers Suck. The 76ers Suck.

The 76ers Suck. The 76ers Suck.

The 76ers Suck. The 76ers Suck.

The 76ers Suck. The 76ers Suck.

Chapter 2: Do the 76ers Still Suck?

The 76ers Suck. The 76ers Suck.

The 76ers Suck. The 76ers Suck.

The 76ers Suck. The 76ers Suck.

The 76ers Suck. The 76ers Suck.

The 76ers Suck. The 76ers Suck.

The 76ers Suck. The 76ers Suck. The 76ers Suck. The 76ers
Suck. The 76ers Suck. The 76ers Suck. The 76ers Suck. The
76ers Suck. The 76ers Suck. The 76ers Suck. The 76ers Suck.
The 76ers Suck. The 76ers Suck. The 76ers Suck. The 76ers
Suck. The 76ers Suck. The 76ers Suck. The 76ers Suck. The
76ers Suck. The 76ers Suck. The 76ers Suck. The 76ers Suck.
The 76ers Suck. The 76ers Suck. The 76ers Suck. The 76ers
Suck. The 76ers Suck. The 76ers Suck. The 76ers Suck. The
76ers Suck. The 76ers Suck. The 76ers Suck. The 76ers Suck.
The 76ers Suck. The 76ers Suck. The 76ers Suck. The 76ers
Suck. The 76ers Suck. The 76ers Suck. The 76ers Suck. The
76ers Suck. The 76ers Suck. The 76ers Suck. The 76ers Suck.
The 76ers Suck. The 76ers Suck. The 76ers Suck. The 76ers
Suck. The 76ers Suck. The 76ers Suck. The 76ers Suck. The
76ers Suck. The 76ers Suck. The 76ers Suck. The 76ers Suck.
The 76ers Suck. The 76ers Suck. The 76ers Suck. The 76ers
Suck. The 76ers Suck. The 76ers Suck. The 76ers Suck. The
76ers Suck. The 76ers Suck. The 76ers Suck. The 76ers Suck.
The 76ers Suck. The 76ers Suck. The 76ers Suck. The 76ers
Suck. The 76ers Suck. The 76ers Suck. The 76ers Suck. The
76ers Suck. The 76ers Suck. The 76ers Suck. The 76ers Suck.
The 76ers Suck. The 76ers Suck. The 76ers Suck. The 76ers
Suck. The 76ers Suck. The 76ers Suck. The 76ers Suck. The
76ers Suck. The 76ers Suck. The 76ers Suck. The 76ers Suck.
The 76ers Suck. The 76ers Suck. The 76ers Suck. The 76ers
Suck. The 76ers Suck. The 76ers Suck. The 76ers Suck. The
76ers Suck. The 76ers Suck. The 76ers Suck. The 76ers Suck.
The 76ers Suck. The 76ers Suck. The 76ers Suck. The 76ers
Suck. The 76ers Suck. The 76ers Suck. The 76ers Suck. The
76ers Suck. The 76ers Suck. The 76ers Suck. The 76ers Suck.

The 76ers Suck. The 76ers Suck.

The 76ers Suck. The 76ers Suck.

Chapter 3: Still?

The 76ers Suck. The 76ers Suck.

The 76ers Suck. The 76ers Suck.

The 76ers Suck. The 76ers Suck.

Chapter 4: Always?

The 76ers Suck. The 76ers Suck.

The 76ers Suck. The 76ers Suck.

The 76ers Suck. The 76ers Suck.

The 76ers Suck. The 76ers Suck.

The 76ers Suck. The 76ers Suck.

The 76ers Suck. The 76ers Suck.

The 76ers Suck. The 76ers Suck.

The 76ers Suck. The 76ers Suck.

Chapter 5: Are you sure?

The 76ers Suck. The 76ers Suck.

The 76ers Suck. The 76ers Suck.

The 76ers Suck. The 76ers Suck.

The 76ers Suck. The 76ers Suck.

Chapter 6: More So Than Others?:

The 76ers Suck. The 76ers Suck.

The 76ers Suck. The 76ers Suck.

The 76ers Suck. The 76ers Suck.

The 76ers Suck. The 76ers Suck.

The 76ers Suck. The 76ers Suck.

The 76ers Suck. The 76ers Suck.

The 76ers Suck. The 76ers Suck.

Chapter 7: Ok, I get it…

The 76ers Suck. The 76ers Suck.

The 76ers Suck. The 76ers Suck.

The 76ers Suck. The 76ers Suck.

The 76ers Suck. The 76ers Suck.

The 76ers Suck. The 76ers Suck.

The 76ers Suck. The 76ers Suck.

Epilogue: Final Declaration

The 76ers Suck.

The End.

Printed in Dunstable, United Kingdom

68243323R00037